# Kraft und Vitalität entwickeln

Eine Rede von

## Sri Mata Amritanandamayi

gehalten am 1. Dezember 2009
anlässlich der Einweihung der
Vivekananda International Foundation
in Neu Delhi

Mata Amritanandamayi Center
San Ramon, CA 94583, Vereinigte Staaten

# Kraft und Vitalität entwickeln

Eine Rede von Sri Mata Amritanandamayi
Aus dem Malayalam übersetzt von
Swami Amritaswarupananda Puri

Herausgegeben von:
Mata Amritanandamayi Center
P.O. Box 613
San Ramon, CA 94583
Vereinigte Staaten

Erstausgabe: April 2010

In Deutschland: www.amma.de
In der Schweiz: www.amma-schweiz.ch
In Indien: www.amritapuri.org
        inform@amritapuri.org

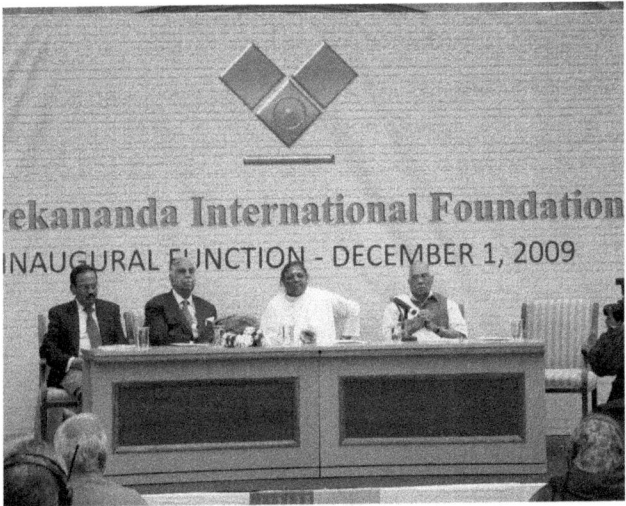

Sri Ajit Kumar Doval, Direktor der Internationalen
Vivekananda-Stiftung; der ehrenwerte M.N.
Venkatacheliah, ehemaliger oberster Richter Indiens;
Sri Mata Amritanandamayi Devi: P. Parameshvaran,
Präsident des Vivekananda-Kendra.

# Vorwort

Diese kurze Rede hielt Amma am 1. Dezember 2009 anlässlich der Einweihung des Internationalen Vivekananda-Zentrums in Chanakyapuri, Neu Delhi. Eigentlich ist ein Vorwort überflüssig, denn Ammas Ausführungen sind einfach, klar und sprechen für sich selbst. Die Ansprache fand vor einer Versammlung von Intellektuellen und hohen Beamten Delhis statt. Sie ist nicht lang, enthält jedoch das Wesen von Spiritualität.

Amma spricht viele verschiedene Themen an: Die Möglichkeiten zur Schaffung interreligiöser Harmonie, die gesellschaftliche Bedeutung der Erziehung, die Wichtigkeit des Patriotismus und das nationale Erbe. Ihr thematischer Schwerpunkt ist jedoch die Jugend, deren Bedürfnisse sowie die Rolle, die Erwachsene bei der Unterstützung der Jugend einnehmen, so dass letztere ihr volles Potential erreichen kann.

Jedes Fachgebiet wird einer genauen Analyse unterzogen, die bis zum Kern des Themas vordringt. Da die Worte von einer einzigartigen Meisterin stammen, versteht es sich von selbst, dass die Rede tiefsinnig, lebendig und spirituell ist.

Über die herausragende Persönlichkeit *Swami Vivekanandas* sagt sie folgendes: „*Swami Vivekananda* – bereits der Name besitzt eine besondere Kraft und Faszination. Er war eine glänzende Persönlichkeit; schon, wenn man nur seinen Namen hörte, fühlte man sich erweckt und voller Energie. Er war ein großer *sannyasi*, der die Gesellschaft revolutionierte und umwandelte, ein perfekter *jnani*, die Verkörperung von Hingabe an seinen Meister, ein bedeutender *karma yogi* und ein brillanter Redner." Amma beschreibt *Vivekanandas* Vision von Spiritualität als „eine Lebensweise inmitten dieser Welt, bei der man mit den verschiedensten Menschen Kontakt hat und allen Umständen und Herausforderungen mit Mut und Gelassenheit begegnet".

Mit Hilfe schöner Anekdoten und Geschichten zeigt Amma auf, inwiefern *mahatmas* lebende Vorbilder spiritueller Wahrheiten sind. Der Inhalt der Schriften wird erst durch das Leben und die Lehre eines verwirklichten Meisters mit Leben erfüllt. Der *sadguru*, d.h. der wahre spirituelle Meister, ist die Verkörperung aller göttlichen Eigenschaften. Amma sagt über die *mahatmas*: „Ihr Leben ist das größte Vorbild für die Gesellschaft. Das ist es, was die soziale Harmonie letztendlich aufrechterhält."

Amma betont, wie wichtig es ist, die spirituelle Kraft zum Erwachen zu bringen und sagt: „Wenn Gottes Kraft in uns erstrahlt, manifestiert sie sich als Wahrheit, Glück und Schönheit. Im Intellekt leuchtet sie als Wahrheit hervor. In Handlungen zeigt sie sich in Form von Güte und Glück. Wenn Gott sich durch das Herz manifestiert, ist Schönheit das Resultat. Sobald Wahrheit, Glück und Schönheit sich im Leben miteinander verbinden, erwacht unsere wahre Stärke.

Mehr als jeder andere ist Amma sich darüber im Klaren, wie wichtig es ist, dass unsere heutige Jugend vor allem eine Erziehung auf spirituellem Gebiet erhält. Sie weiß, dass in der jungen Generation enorme Energien schlummern. Wird diese Energie richtig kanalisiert, kann unsere Jugend Wunder vollbringen. Wenn sie sich ändert, kann auch die Welt sich verändern. Ich habe gesehen, wie sich überall auf der Welt das Leben tausender junger Männer und Frauen durch Ammas Anwesenheit gewandelt hat: Ihre Haltung, ihre Lebensperspektive wurde eine andere. Zweifellos bringt diese Transformation auch eine konstruktive Veränderung in der Gesellschaft mit sich. Die Jugend, die mit Amma in Kontakt kommt, wird sich des eigenen *dharma* – sowohl sich selbst als auch der Gesellschaft gegenüber – mehr bewusst. Diese jungen Leute wollen unbedingt der Gesellschaft, den Armen und Bedürftigen selbstlos dienen und die Umwelt schützen. Spricht man jedoch vom Zustand der Jugend ganz im Allgemeinen, so ist Amma besorgt. Sie sagt: „Heute verschwindet die Lebensphase, die wir als „Jugend" bezeichnen. Wir gehen direkt von der Kindheit ins hohe Alter über. Das Jugendalter ist der *bindu* – der zentrale Punkt im Leben. Es ist die Zeit, in der wir weder Kinder noch Erwachsene sind. Es ist eine Zeit, um im Augenblick zu leben und auch die ideale Zeit, um den Geist zu schulen. Nutzt jedoch die heutige Generation diese Periode?"

Amma sagt, dass die heutige Jugend nicht mit bloßen Worten und Informationen zufriedenzustellen ist. Sie braucht inspirierende Beispiele und Vorbilder. Obwohl die Texte des *sanatana dharma* ein Schatz unermesslichen Wissens sind, müssen sie auf eine Art und Weise weitergegeben werden, die die moderne Jugend wertzuschätzen vermag. Damit dies geschehen kann, muss die ältere Generation die jüngere gut verstehen und sich ihr in einer Haltung der Demut und der Liebe nähern. Amma sagt, dass diese Annäherung in Form eines Dialoges stattfinden muss – ein geduldiges Zuhören und ein Weitergeben des Wissens mit Reife und voller Mitgefühl.

Amma sagt auch, dass wir unsere Methoden und unsere Sprache überprüfen müssen, wenn wir religiöse Diskussionen führen. Augenblicklich herrscht bei vielen religiösen Führern die Tendenz vor, religiöse Wahrheiten zu verdrehen, um sie ihren eigenen egoistischen Zwecken dienstbar zu machen. Amma ist darüber besorgt und sagt: "Religion und Spiritualität sind eigentlich Schlüssel, die dazu bestimmt sind, unsere Herzen zu öffnen, damit wir alle Menschen mit Mitgefühl betrachten können...Dieselben Schlüssel, die zum Öffnen der Herzen gedacht sind, verschließen sie jedoch aufgrund unseres mangelnden Unterscheidungsvermögens."

Amma weist ebenfalls darauf hin, wie gewisse Methoden unseres modernen Erziehungssystems die Gesellschaft irreführen. Sie sagt, das Fundament jeder positiven Veränderung liege in guter Erziehung. Amma vergleicht gute Erziehung mit einem geheimen *mantra*, um Erfolg im Leben zu haben und eine Lösung für alle Probleme zu erlangen. Doch sie betont: „Unser Erziehungssystem wurde auf ein Hilfsmittel zur Erreichung materiellen Erfolges reduziert."

In der heutigen Welt glaubt vor allem die junge Generation nur an die Kraft der eigenen Anstrengung. Diese Einstellung vergrößert jedoch das Ego. Was wir heutzutage brauchen, ist eine Art von Führung, die voller Mitgefühl und frei von Egoismus ist. Immer wieder betont Amma die Notwendigkeit göttlicher Gnade, um Erfolg zu erlangen, egal auf welchem Gebiet. Sie glaubt, es sei von entscheidender Bedeutung, dass die moderne Jugend die Wichtigkeit des Faktors der Gnade versteht, die weit jenseits unseres Intellekts und unserer Logik liegt. Amma sagt: „ Wir sollten dieses egoistische Verständnis, dass unser Leben allein durch menschliche Anstrengung erfolgreich werden kann, aufgeben. Vielmehr sollten wir uns verbeugen. Nur dann wird die Kraft, die den Kosmos unterstützt, in uns fließen."

Amma schließt ihre Rede, indem sie die Wichtigkeit der Liebe für das eigene Vaterland hervorhebt. Sie lobt *Swami Vivekananda* als einen kraftvollen Patrioten, der Indien und seine reiche Kultur liebte. Amma sagt: „Unser Erbe ist unvergleichlich. Wir sollten aus anderen Ländern das Gute übernehmen, gleichzeitig jedoch verwurzelt sein in der Liebe zu unserem eigenen Land und seiner spirituellen Kultur."

Der ehrenwerte M.N. Venkatachaliah – ehemaliger oberster Richter Indiens und bekannter Gelehrter – sagt zu Ammas weisen Worten: „Heute haben wir eine Dosis von Ammas *amrita*

(Nektar) bekommen. Sie sagte uns, was das Leben bereichert. Ihre Interpretation *Vivekanandas* war vermutlich die genaueste und am meisten inspirierende. Ihr Verständnis und ihr Vortrag waren so einzigartig, dass einige von uns, die zuvor bedrückt waren, nun spüren, dass es doch noch etwas gibt, was dieser Welt zum Wohle gereicht. Jemand hat einmal gesagt: ‚Solange es Vögel, Blumen und Kinder auf dieser Welt gibt, ist sie in Ordnung.' Ich aber sage: „Solange es Vögel, Blumen, Kinder – und *Mata Amritanandamayi* – auf dieser Welt gibt, ist sie in Ordnung."

Sri. Ajit Kumar, der Direktor des internationalen Vivekananda – Zentrums, bezeichnete Amma als „inkarnierte Spiritualität". „Ammas Liebe für die Menschheit und ihre alldurchdringende Energie liegen ganz auf der Linie unserer großen Tradition spiritueller Führer, die von Zeit zu Zeit die Menschheit und das Schicksal dieser Nation anleiten, unserer Zivilisation ein Gefühl von Kontinuität vermitteln – einer Zivilisation, die die Basis unseres Patriotismus, unserer Identität, unserer Nation und seiner Menschen ausmacht."

Swami Amritaswarupananda
Vizepräsident Mata Amritanandamayi Math

Amma während ihrer Rede bei der Internationalen
Vivekananda-Stiftung in Neu-Delhi

# Kraft und Vitalität entwickeln

### Eine Rede von
### Sri Mata Amritanandamayi

### gehalten am 1. Dezember 2009

### anlässlich der Einweihung der
### Vivekananda International Foundation
### in Neu Delhi

Amma ist sehr erfreut darüber, dass im Namen *Swami Vivekanandas* eine solche Institution entstanden ist, die sich um interreligiöse Harmonie und Einheit bemüht und die Werte des *sanatana dharma*[1] mit dem Rest der Welt teilen möchte. *Swami Vivekananda* – schon allein dieser Name besitzt eine besondere Kraft und Faszination. Seine Persönlichkeit hatte eine solche Strahlkraft, dass man sich bereits beim

---

[1] Wörtlich „ewiges universelles Gesetz"; der ursprüngliche Name für den Hinduismus; sanatana dharma wird als ewig angesehen, da die Kernprinzipien universal und unabhängig von Zeit und Ort gültig sind.

Hören seines Namens automatisch erweckt und voller Energie fühlte. Er war ein grosser *sannyasin*[2], der die Gesellschaft revolutionierte und transformierte; er war ein perfekter *jnani*[3], die Verkörperung von Hingabe an seinen *guru*[4], ein großer *karma yogi*[5] und brillanter Redner. Alles in allem war *Swami Vivekananda* ein Mensch, wie man ihn nur selten antrifft – eine göttliche Blume, die unter dem spirituellen Glanz von *Sri Ramakrishna Deva* zum Erblühen kam und ihren Duft auf der ganzen Welt verbreitete.

Für *Swami Vivekananda* bedeutete Spiritualität nicht, mit geschlossenen Augen in einem einsamen Wald oder einer Höhle Buße zu tun, sondern eine Lebensweise, bei der man in dieser Welt lebt, mit den verschiedensten Menschen Kontakt hat und alle Umstände und Herausforderungen mit Mut und Gelassenheit angeht. Er war überzeugt davon, dass Spiritualität das

---

[2] Jemand, der dem weltlichen Leben entsagt hat, um spirituelle Befreiung zu erlangen.
[3] Wörtlich „ein Wissender" – jemand, der die transzendentale Wahrheit realisiert hat.
[4] Ein spiritueller Lehrer.
[5] Jemand, der alle Handlungen als Opfergabe für Gott ausführt und alle Lebenssituationen, egal ob positiv oder negativ als Gottes heiliges Geschenk sieht.

Fundament des Lebens und die Quelle von wahrer Stärke und Intelligenz ist.

*Swami Vivekanandas* Idee von Spiritualität bestand im Kern darin, Mitgefühl und Sorge für die Mitmenschen an den Tag zu legen. Er glaube nicht, so erklärte er freimütig, an einen Gott oder eine Religion, die es versäumten, die Tränen von Witwen wegzuwischen oder ein Stück Brot zum Mund eines Waisenkindes zu führen. Durch diese Betonung von Mitgefühl und Dienst an der Welt hat er eine neue Dimension zu Indiens Tradition von *sannyasa* hinzugefügt.

Die Botschaft der *mahatmas*[6] ist ihr Leben selbst. Es ist das größte Beispiel für die Gesellschaft, wodurch letztendlich die soziale Harmonie aufrechterhalten wird. Die Tatsache, dass in Indien Familienbande und soziale Werte immer noch lebendig sind, ist vor allem dem Einfluss und der Inspiration von *mahatmas* zu verdanken. Sie haben Vorschriften wie z. B. „Sprich immer die Wahrheit"; „Folge stets dem Weg der

---

[6] Wörtlich „ Große Seele";  Amma benutzt das Wort, um auf diejenigen, die Selbstverwirklichung erreicht haben, hinzuweisen.

15

Wahrhaftigkeit"[7]; oder „Mögen Mutter, Vater, deine Lehrer sowie Gäste Gott für dich sein"[8] usw. nicht nur gepredigt, sondern lebten auch dementsprechend. Die Werte konnten in der Gesellschaft nicht etwa durch das Vorbild von Königen oder politischen Führern Fuß fassen, sondern durch das Vorbild der *mahatmas*. Sie waren es, die den Herrschern ihren Rat und ihre Anleitung zur Verfügung stellten. Spiritualität ist die Grundlage aller Werte. Wenn wir sie verlieren, wird unser Leben wie ein Satellit, der aus dem Gravitationsfeld der Erde geraten ist.

*Mahatmas* sind nicht einfach nur Menschen. Sie sind sichtbare Formen der höchsten Wahrheit. Sie sind völlig frei von Egoismus. Ebenso wie ein Magnet Eisenspäne anzieht, wirkt die Anziehungskraft von *mahatmas* auf die ganze Welt. Da sie ihre Handlungen ohne Egoismus und Anhaftung verrichten, verwandelt alles, was sie tun, die Gesellschaft und die Welt.

Eine Gruppe junger Männer ging einmal zu einem *sannyasin* und fragte ihn: „Was bedeutet eigentlich *sannyasa*?" Der Weise trug seinen Besitz in einem Bündel auf dem Rücken. Sofort

---

[7] Taittiriya Upanishad, 1.11.1
[8] Taittiriya Upanishad, 1.11.12

ließ er das Bündel fallen und ging weiter. Die jungen Männer verstanden nicht, was dies zu bedeuten hatte. Sie holten ihn ein und fragten abermals: „Was bedeutet *sannyasa*?"

Der *mahatma* antwortete: „Habt ihr nicht gesehen, wie ich das Bündel fallengelassen habe? Zunächst einmal ist *sannyasa* das Aufgeben von ‚ich' und ‚mein'."

Die jungen Männer waren jetzt neugierig geworden und wollten mehr wissen: „Nachdem man die Idee von ‚ich' und ‚mein' aufgegeben hat, was ist der nächste Schritt?"

Der *mahatma* ging zurück, hob das Bündel auf, nahm es wieder auf seinen Rücken und ging weiter. Verwirrt fragten die jungen Männer: "Was bedeutet denn dies?"

Der *sannyasi* lachte und antwortete: „Habt ihr nicht gesehen, dass ich das Bündel wieder aufgehoben habe? Nachdem man die Idee von ‚ich' und ‚mein' aufgegeben hat, muss man die Last der Welt tragen, die Sorgen und Schwierigkeiten der anderen als die eigenen betrachten, sie lieben und ihnen dienen. Das ist wahres *sannyasa*."

Das Gewicht der Last wird einen jedoch nicht zu Boden drücken, denn wo Liebe ist, gibt es keine Bürde. Sich um ein kleines Kind zu kümmern, mag für den Babysitter eine schwierige Aufgabe sein, für die Mutter ist es jedoch eine freudige Erfahrung. Wo Liebe ist, gibt es keine Last.

Um aber fähig zu sein, der Welt zu dienen, muss man erst einmal selber stark werden. *Swami Vivekananda* erklärte, dass wir erst nach dem Erwachen der inneren Kraft eine wahre Umwandlung erfahren und eine permanente Lösung für die Probleme der Gesellschaft finden können.

Von allen Eigenschaften ist Stärke die wichtigste – dies gilt für das Individuum wie für eine Nation. Wahre Stärke erwacht, wenn wir erkennen, dass sie in uns ist. *Satyam – sivam – sundaram*: Wahrheit[9], Glück und Schönheit sind nicht Gottes Eigenschaften, sie entstammen unserer Erfahrung, der Art, wie *wir* Gott wahrnehmen. Eigentlich sind es Begrenzungen, die unser Geist auf Gott

---

[9] In Zusammenhang mit diesem Abschnitt bedeutet Wahrheit nicht die endgültige Realität, sondern Qualitäten wie Ehrlichkeit, Integrität und Aufrichtigkeit. Amma sagt, dass die endgültige Realität von Gott, sowie die des Individuums und des Universums weit über diesen Eigenschaften liegen; diese Realität ist reines Bewusstsein.

projiziert. In Wirklichkeit steht Gott über all diesen Eigenschaften: Er ist unendlich. Wenn Gottes Macht uns durchstrahlt, manifestiert sie sich als Wahrheit, Glück und Schönheit. Wenn Er sich durch den Intellekt manifestiert, leuchtet Wahrheit hervor. Wenn Er sich durch Handlungen manifestiert, zeigt sich das in Güte und Glück. Wenn Gott sich durch das Herz manifestiert, ist Schönheit das Resultat. Sobald Wahrheit, Glück und Schönheit sich in unserem Leben miteinander verbinden, erwacht unsere wahre Stärke[10].

Indien[11] braucht Kraft, Vitalität und Energie. Wenn unsere Jugend aufsteht und handelt, hat sie die Kraft und Dynamik, um in der Gesellschaft eine große Umwandlung zu bewirken.

So wie *Vivekananda* einst sagte: „ Der große Wert der Jugendzeit kann nicht hoch genug eingeschätzt oder beschrieben werden. Sie ist höchst kostbar. Es ist die beste Zeit im Leben.

---

[10] Bewusstsein belebt die Schöpfung; sie ist die Basis des Universums: Wenn der Geist von Vorlieben und Abneigungen gereinigt ist, drückt die belebte Persönlichkeit göttliche Eigenschaften wie Aufrichtigkeit, Güte und Schönheit aus.
[11] Da Amma diese Rede in Neu-Delhi hielt, hat sie hier Indien besonders hervorgehoben. Diese Eigenschaften sind jedoch für alle Nationen notwendig.

Je nachdem, wie man diese Zeit nutzt, wird sich die Zukunft gestalten. Dein Glück, dein Erfolg, deine Ehre und dein Name hängen davon ab, wie du jetzt, in dieser augenblicklichen Zeitspanne lebst. Erinnere dich daran! Diese wunderbare Zeit deines ersten Lebensstadiums kann mit dem nassen, weichen Ton in den Händen eines Töpfers verglichen werden. Geschickt verleiht er dem Ton die gewünschte Form und Gestalt. Genauso kannst du dein Leben, deinen Charakter, deine körperliche Gesundheit und Stärke formen; kurz, deinen ganzes Wesen, so wie du es gerne haben möchtest. Aber du musst es jetzt tun."

Heute ist die Lebensphase, die wir als „Jugend" bezeichnen, im Verschwinden begriffen. Wir gehen direkt von der Kindheit ins hohe Alter über. Die Jugend ist der *bindu* – der zentrale Punkt im Leben. Es ist die Zeit, in der wir weder Kinder noch Erwachsene sind. Es ist eine Zeit, um im Augenblick zu leben und auch die ideale Zeit, um den Geist zu schulen. Aber nutzt die heutige Generation diese Periode?"

Einst ging eine Frau im Park spazieren und sah einen alten Mann auf einer Bank sitzen und lächeln. Sie ging auf ihn zu und sagte: „Sie sehen so glücklich aus. Was ist das Geheimnis Ihres langen und glücklichen Lebens?"

Der alte Mann antwortete: „Sobald ich morgens aufstehe, trinke ich zwei Flaschen Whisky. Dann rauche ich eine Schachtel Zigaretten. Zum Mittagessen lasse ich mir ein gegrilltes Hähnchen und ein Steak schmecken. Den Rest des Tages höre ich Heavy Metal und Rap. Zwischendurch esse ich gerne Chips, Süßigkeiten und andere leckere Sachen. Außerdem rauche ich vier bis fünf Mal in der Woche Ganja (Cannabis). Sport? Daran denke ich nicht einmal!"

Die Frau war schockiert. „Das ist unglaublich. Ich habe noch nie jemanden gesehen, der mit solch einem Lebensstil ein derart hohes Alter erreicht hat. Wie alt sind sie denn?"

Der Mann antwortete: „ Ich bin sechsundzwanzig"

So vergeuden viele ihre wertvolle Jugend. Was ist der Grund dafür? In der Kindheit werden sie von den Eltern nicht hinreichend diszipliniert. Der Blick ist immer nur auf Geld und Studium gerichtet. Das ist wichtig, aber wir müssen uns auch bemühen, unseren Kindern Werte zu vermitteln. Auch wenn wir das teuerste Auto kaufen und es mit dem besten Benzin füllen, brauchen wir gleichwohl eine Batterie, um den Motor zu starten. Um das Auto des Lebens zu fahren, brauchen wir Werte und Tugenden.

Wie können junge Leute spirituelle Werte und gute Eigenschaften entwickeln? Wie können wir sie auf den richtigen Weg bringen? Wie können wir die Kraft der Jugend so kanalisieren, dass dadurch ein Wachstum der Gesellschaft, des Landes und der Welt ermöglicht wird? Um dies zu erreichen, müssen wir unsere Jugend lehren, ihren Charakter zu entwickeln und sich wahrhaft als Mensch zu entfalten. Dazu müssen wir sie aber erst einmal richtig verstehen. Wir müssen auf ihr Niveau gehen. *Swami Vivekananda* hat darauf großen Nachdruck gelegt.

Es gibt viele Texte im *sanatana dahrma*, die die Tiefe und Weite wahren spirituellen Wissens aufzeigen und die Natur der Welt erklären. Doch kann der Geist der jungen Leute vielleicht die Texte im Original nicht akzeptieren. Wir sollten fähig sein, diese spirituellen Lehren der Jugend in einer Sprache, die sie versteht, auf zeitgemäße Weise zu vermitteln. Das ist die Verantwortung der älteren Generation. Diese

Belehrung sollte aber nicht nur rein intellektuell sein. Wenn wir der Jugend Spiritualität erklären, müssen wir auch ihr Herz ansprechen. Die ältere Generation sollte sich bei ihrer Annäherung um einen Dialog[12] bemühen. Wenn wir auf die jungen Leute zugehen, sollten wir nicht unser eigenes Wissen und unsere Belesenheit demonstrieren. Wir sollten vielmehr eins mit ihnen werden, ihre Herzen verstehen und mit ihnen diskutieren. Mit Geduld und Liebe sollten wir uns ihre Fragen und ihre Kritik anhören. Wir sollten ihnen mit Mitgefühl begegnen. Nur solch eine Herangehensweise kann in ihnen eine wahre Veränderung bewirken. Darüber hinaus sollten wir ein Vorbild sein, das sie inspiriert.

Was ist die Bedeutung von Spiritualität? Ein unwissender Mensch ohne Ziel im Leben schläft sozusagen. Er ist eigentlich gar kein Individuum, sondern eine Masse. Solche Leute können keine Entscheidungen treffen, weil sie wie die Masse viele widersprüchliche Meinungen in sich beherbergen. Wenn ein Teil des Geistes etwas schafft, macht der andere Teil es wieder zunichte. All die Anstrengungen dieser Leute

---

[12] Samvada

sind umsonst. Sie wandern ohne klare Vorstellung, in welche Richtung es gehen soll, durch das Leben. Man kann es damit vergleichen, vier Pferde an jede Seite eines Gefährtes zu binden und die Zügel in die Hände eines schlafenden Kutschers zu geben. Solche Leute haben keine Entfaltungsmöglichkeiten für wahren Fortschritt. Es ist das Leben derjenigen, die kein spirituelles Verständnis haben. Sie denken: „Ich erreiche mein Ziel....ich erreiche mein Ziel", aber in Wirklichkeit bewegt sich ihr Leben nicht vorwärts. Letztendlich brechen sie vor Erschöpfung zusammen. Im Augenblick fließt der Geist nach außen in Richtung unzähliger äußerer Objekte. Wir sollten uns wieder besinnen und die unendliche Kraft, die in uns liegt, entdecken. Es reicht nicht aus, einfach nur ein Individuum zu sein; wir müssen ein *bewusstes* Individuum sein. Das ist die Bedeutung von Spiritualität. Dieses Wissen sollte der Jugend vermittelt werden.

Heutzutage glauben viele, dass die Fähigkeit, spirituelle Wahrheiten nach eigenem Gutdünken zu interpretieren, einen spirituellen Lehrer auszeichne. Wenn man dies nicht kann, wird es als Schwäche angesehen. Die spirituellen Wahrheiten sollten jedoch niemals so interpretiert werden, wie es einem gerade gefällt. Sie sollten so weitergegeben werden, dass sie sowohl der Entwicklung des Einzelnen als auch der Gesellschaft förderlich sind. Deswegen sollten diejenigen, die mit der Aufgabe betreut sind, das Wissen weiterzugeben, reif sein. Sie sollten einen Geist besitzen, der fähig ist, differenziert[13] zu denken und ein weites Herz haben. Nur dann können in den Menschen, denen das Wissen vermittelt wird, Güte und Edelmut aufkeimen.

Die heutige Jugend gibt sich nicht mit Worten zufrieden. Moderne Informationstechnologie ermöglicht es ihnen, Zugang zu weit mehr Wissen zu bekommen, als es die vorherige Generation hatte. Die Weitergabe von Information ist heutzutage keine schwierige Aufgabe. Nur zu predigen schafft daher auch keinen Dialog. Es wird weder auf die Jugend noch auf sonst jemanden attraktiv wirken. Jede Veränderung, die durch solche Vorlesungen bewirkt

---

[13] Viveka buddhi – ein Geist, der über Weisheit und Subtilität verfügt, um klar zwischen dharma (Rechtschaffenheit) und adharma (Unrecht) unterscheiden zu können, sowie zwischen ewig und vergänglich unterscheiden zu können.

wurde, ist von kurzer Dauer. Wir sollten der Jugend vielmehr erklären, was ein wahrer Dialog ist. Das ist die Verantwortung der älteren Generation. *Swami Vivekanandas* Worte waren ein Dialog, da sie aus dem Herzen kamen, mit einem vollkommenen Verständnis des intellektuellen und emotionalen Zustandes der Leute, zu denen er sprach. Das ist die Quelle der Kraft hinter seinen Reden. Darum transformieren seine Worte auch heute noch die Menschen.

Andauernd finden zwischen den Führungspersönlichkeiten verschiedener Religionen und Kulturen Diskussionen statt, doch sollten wir nochmals überprüfen, ob Methode und Sprache, die in diesen Diskussionen angewandt werden, auch wirklich passend sind. Viele von uns können heutzutage logisch und intellektuell zufriedenstellende Interpretationen geben, aber wir vergessen, die Schönheit des Herzens in unsere Logik zu integrieren. Versammlungen sollten nicht nur ein Zusammenkommen von Menschen sein, sie sollten ein Zusammenkommen der Herzen sein.

Wenn wir sagen: „Nur meine Religion ist gut und deine ist schlecht", entstehen Probleme. Es ist, als ob man sagen würde: „Meine

Mutter ist vollkommen, deine ist eine Prostituierte!" Erst wenn wir verstehen, dass bei Diskussionen jeder von der Richtigkeit seiner Ansicht überzeugt ist, werden wir fähig sein, effektiv miteinander zu kommunizieren.

Wahre religiöse Führer lieben und verehren die ganze Schöpfung; sie sehen sie als eine Manifestation von göttlichem Bewusstsein. Sie sehen die Einheit hinter der Vielfalt. Heutzutage jedoch interpretieren viele religiöse Führer die Worte und Erfahrungen der alten Weisen und Propheten falsch, um schwache Menschen auszubeuten.

Religion und Spiritualität sind die Schlüssel zur Öffnung unserer Herzen und verleihen uns die Fähigkeit, jeden mit Mitgefühl zu betrachten. Unser Egoismus hat uns jedoch verblendet. Das Resultat ist, dass unserer Geist die Kraft, mit Urteilsvermögen zu denken, verloren hat und unsere Betrachtungsweise verzerrt ist. Das führt dazu, dass noch mehr Dunkelheit geschaffen wird. Aufgrund unseres mangelnden Urteilsvermögens verschließen die Schlüssel, die ursprünglich zur Öffnung unserer Herzen gedacht waren, sie nun erst recht.

Es reisten einmal vier Männer in einem Boot, um eine religiöse Konferenz zu besuchen, als ein heftiger Sturm ausbrach und sie auf einer einsamen Insel Schutz suchen mussten. Es war eine bitterkalte Nacht. Die Temperaturen waren nahe am Gefrierpunkt. Jeder Reisende hatte eine Zündholzschachtel und ein kleines Bündel Brennholz in seinem Rucksack, aber jeder dachte, er sei der einzige mit Brennholz und Zündhölzern.

Der erste Mann dachte: "Wenn ich mir den Anhänger, den der Mann um seinen Hals trägt, anschaue, schließe ich daraus, dass er einer anderen Religion angehört. Wenn ich ein Feuer entfache, wird auch er von der Wärme profitieren. Warum soll ich mein Holz hernehmen, um ihn zu wärmen?"

Der zweite Mann dachte: "Dieser Mann kommt aus dem Land, das immer gegen uns gekämpft hat. Nicht im Traum denke ich daran, mein Holz dazu zu verwenden, dass er es bequem hat!"

Der dritte Mann schaute zu einem der anderen und dachte:" Ich kenne diesen Kerl. Er gehört einer Sekte an, die meiner Religion immer Probleme bereitet hat. Für ihn werde ich mein Holz nicht verbrauchen!"

Der letzte Mann der Gruppe dachte: "Dieser Mann hat eine andere Hautfarbe; ich hasse das! Auf keinen Fall werde ich mein Brennholz für ihn benutzen!"

Letztendlich war keiner bereit, sein Holz herzugeben, um die anderen zu wärmen, so dass sie am Morgen alle erfroren waren. Der Grund ihres Todes war jedoch nicht die äußere Kälte. Sie starben aufgrund ihrer erfrorenen Herzen. Wir werden wie diese Männer. Wir streiten uns im Namen von Religion, Kaste, Nation und Hautfarbe, ohne auch nur das geringste Mitgefühl für unsere Mitmenschen an den Tag zu legen.

Die moderne Gesellschaft ist wie ein Mensch, der an hohem Fieber leidet. Wenn das Fieber steigt, sagt der Patient wirre Sachen. Er zeigt auf einen Stuhl auf dem Boden und fragt:" Warum fliegt der Stuhl?" Was können wir darauf antworten? Die meisten von uns leben so. Es ist einfach, jemanden, der schläft aufzuwecken, aber es ist unmöglich, jemanden aufzuwecken, der vorgibt zu schlafen.

Die Jugend fühlt sich zu *Swami Vivekanandas* Worten nicht nur deshalb hingezogen, weil er eine Sprache der Logik und des Intellektes gewählt hat, sondern auch aufgrund seiner Aufrichtigkeit. Beim Weltparlament für Religionen in Chicago im Jahre 1893 begann er seine Rede mit den Worten: "Brüder und Schwestern aus Amerika!" Die ganze Halle tobte vor Begeisterung und Freude. Warum? Weil die Worte so aufrichtig waren und aus dem Herzen kamen. Wenn Aufrichtigkeit in unseren Worten ist, werden sie immer inspirieren und anderen Kraft geben. Das wird sie dann wiederum anregen, selbstlose Taten zu vollbringen.

Das Fundament aller positiven Veränderungen ist eine gute Erziehung und Ausbildung. Sie ist das geheime *mantra*, um Erfolg im Leben zu haben. Solch eine Ausbildung ist die Lösung aller Probleme. *Swami Vivekananda* sagte: "Was ist Bildung? Bedeutet es das Lernen aus Büchern? Nein. Bedeutet es, über Kenntnisse in verschiedenen Wissensbereichen zu verfügen? Auch dies nicht. Ausbildung bedeutet die Art von Schulung, durch die der Lauf und der Ausdruck des Willens unter Kontrolle gebracht und dadurch erfolgreich wird."

Augenblicklich gibt es im modernen Bildungssystem nur ein Ziel: Den weltlichen Erfolg. „Erfolg" ist das *Mantra* unserer Jugend geworden. „Egal, welchen Weg du in diesem Leben wählst, du musst Erfolg haben!" Das ist das Motto des modernen Ausbildungssystems. Unser Ausbildungssystem ist zu einem Werkzeug für materiellen Erfolg reduziert worden. Aber wird solch ein Erfolg anhalten? Wird er dazu beitragen, dass unsere Kinder von der Gesellschaft Liebe und Respekt erhalten? Wird er ihnen die Kraft geben, die sie brauchen, um bei Prüfungen des Lebens standhaft zu bleiben? Es mag nach einem vorläufigen Gewinn aussehen, aber langfristig werden sie nicht durchhalten.

Wir müssen nicht nur verstehen, wie leer, künstlich und oberflächlich dieses moderne Erfolgskonzept ist, sondern wir müssen auch die Bedeutung und die Wichtigkeit von wahrem Erfolg in seinem vollen Umfang schätzen. *Swami Vivekananda* sagt im Hinblick auf Erfolg etwas sehr Wichtiges: „Der Zweck der Jugend besteht in *atma-vikasa* (Selbstentfaltung). Es ist *atma-nirmana* (Selbstentwicklung). Bitte versucht, die korrekte Bedeutung des Begriffes „erfolgreiches Leben" zu verstehen. Wenn man

31

vom Erfolg im Leben spricht, heißt das nicht nur, dass man in allem, was man unternimmt, Erfolg hat... Die Essenz wahren Erfolges besteht darin, was du aus dir selbst machst; es betrifft dein Verhalten im Leben, das du entwickelst, deinen Charakter, den du herausbildest und es ist die Art von Person, die du einmal wirst."

Die Menschen, die ihre Feinde mit Schwertern und Gewehren angreifen, sind nicht die einzigen Soldaten. Jeder, der das Ziel des Lebens erreichen will, ist auf eine bestimmte Art, ein Soldat. Ein *kshatriya*[14] ist jemand, der kämpft. Wo? In allen Lebensbereichen. Ob nun auf dem Gebiet der Kunst, der Politik, im Geschäftsleben, in der Spiritualität oder bei der Erziehung - wir müssen fähig sein, die Qualitäten von *sattva*, *rajas* und *tamas*[15] richtig zu aktivieren. Wir brauchen die mentale Fähigkeit und Kraft, um unsere ganze Aufmerksamkeit auf das Ziel des Lebens zu richten und vorwärts zu gehen.

---

[14] Jemand, der im hinduistischen Kastensystem der Kriegerkaste angehört.

[15] Entsprechend den hinduistischen Schriften besteht das Universum, das auch den menschlichen Geist beinhaltet, aus drei Grundstoffen: sattva guna, raja guna und tamo guna. In diesem Zusammenhang repräsentieren sie jeweils die Kräfte der Erhaltung, Schöpfung und Zerstörung.

Um Egoismus zu vermeiden, benötigen wir das Licht der Güte in unseren Herzen, sowie die Fähigkeit, diese Güte auszudrücken. Die Motivation hinter all unseren Handlungen sollte das ganzheitliche Wachstum der Gesellschaft und das Gemeinwohl der Menschheit sein. Das Wachstum jedes Einzelnen beinhaltet auch unser eigenes. Das ist wahres Wachstum. Um dieses Verständnis tief in uns zu verankern, ist Unterscheidungsvermögen nötig.

Der Jugend fehlt heutzutage das richtige Unterscheidungsvermögen. Durch die Verbreitung von Informationen vermögen wir noch lange kein Urteilsvermögen in anderen zu erwecken. Es lässt sich nur entwickeln, wenn Vertrauen in die Kraft hinter dem Kosmos vorhanden ist – in die Kraft, die weit über unseren Verstand und Intellekt hinausgeht. Wir sollten diese egoistische Auffassung, dass unser Leben nur durch menschliche Anstrengung allein erfolgreich wird, aufgeben. Wir sollten uns verneigen. Erst dann wird die Kraft, die den Kosmos unterstützt, in uns hineinfließen.

Wenn wir einen Gitarristen oder einen Sänger fragen, woher seine Musik kommt, wird er wahrscheinlich sagen: "Aus meinem

Herzen". Aber wenn wir in einer Operation sein Herz öffnen, werden wir dann dort Musik finden? Wenn er sagt, dass die Musik aus seinen Fingerspitzen oder aus seinem Hals kommt, würden wir sie dort finden? Aber wo hat die Musik dann ihren Ursprung? Sie stammt von einem Ort jenseits des Körpers und Verstandes. Dieser Ort ist die Heimat reinen Bewusstseins – Gott. Die jüngere Generation sollte versuchen, diese Kraft zu verstehen und zu respektieren. Im modernen Ausbildungssystem wird der Entwicklung dieses Verständnisses keine Bedeutung beigemessen. Der Jugend sollte die Bedeutung von Liebe, selbstlosem Dienst und Demut bewusst gemacht werden. Sie sollte die Notwendigkeit begreifen, den Beitrag, den die Gesellschaft zu ihrem Erfolg leistete, zurückzuzahlen. Egal, ob man Hausfrau, Geschäftsmann oder ein politischer Führer ist, das Wichtigste, was wir kennen müssen, sind wir selbst. Dies ist wahre Stärke. Wir müssen unsere Fehler, unsere Schwächen und Grenzen kennen, akzeptieren und gleichzeitig versuchen, sie zu überwinden. Das ist dann der Zeitpunkt, an dem ein wahrer Führer geboren wird.

Wahre Führungspersönlichkeiten können andere auf dem Weg des *dharma*[16] mit Selbstvertrauen, Ernsthaftigkeit und Selbstbewusstsein anleiten. Die Jugendlichen von heute sind die Führer von morgen; deswegen sollten sie die Quelle der wahren Kraft verstehen. Erst wenn sie ein gutes Herz entwickeln und fähig sind, Handlungen ohne Erwartungen zu verrichten, beginnen sie die Herzen anderer zu gewinnen und zu beeinflussen.

Meditation und Spiritualität sind untrennbare Aspekte des Lebens. Ein meditativer Geist und spirituelles Denken sind essentiell, wenn wir Klarheit und Subtilität in unseren Gedanken und Handlungen zu erlangen wünschen. Spiritualität und das Leben als getrennt anzusehen ist bloße Unwissenheit. So wie Essen und Schlafen für den Körper notwendig sind, so ist für einen gesunden Geist spirituelles Denken notwendig. Aber wie betrachten wir heute Meditation und Spiritualität?

---

[16] Eine Norm für rechtschaffenes Verhalten, die auch die Harmonie der Welt, der Gesellschaft und jedes einzelnen berücksichtigt.

Zwei Freunde trafen sich auf der Straße. Der erste Mann fragte den anderen, wie es ihm gehe. „Danke, gut", sagte der zweite Mann.

Der erste Mann fragte dann: "Wie geht es deinem Sohn? Hat er eine Arbeit gefunden?"

„Oh noch nicht, aber er hat angefangen zu meditieren."

„Meditation? Was ist das?"

Der zweite Mann antwortete: "Ich bin mir nicht sicher, aber ich hörte, es sei besser als nichts zu tun."

Viele Leute denken, dass Spiritualität für diejenigen da ist, die nichts Besseres zu tun haben.

Spiritualität ist das Herz der indischen Kultur. Wenn wir unsere Kultur auf rechte Weise verinnerlichen, werden wir sehen, dass sie die Lösung zu allen unseren Problemen enthält – auf individueller wie auch auf gesellschaftlicher Ebene. Deswegen hat *Swami Vivekananda* die Jugend ständig dazu angehalten, eine tiefe Verbindung mit ihrem Land und ihrer Kultur zu entwickeln. Sie sollten den Mut haben, das Gute anzunehmen und das Schlechte, wo auch immer sie es finden, zurückzuweisen.

*Swami Vivekananda* besaß diese Eigenschaft und war deshalb fähig, auf sein indisches Erbe stolz zu sein, zugleich aber auch die westlichen Qualitäten fortschrittlichen Denkens und dynamischen Handelns zu entwickeln.

In Indien ist *vedanta* das Fundament des allumfassenden religiösen Standpunktes. Alle Religionen werden als Wege zum gleichen Ziel betrachtet. *Swami Vivekananda* prophezeite, dass unabhängig davon, wie sehr sich die modernen Wissenschaften auch entwickeln mögen, die *Vedanta*-Wahrheiten ihren Platz unveränderlich beibehalten, allen Herausforderungen standhalten und schließlich zur universellen Weltanschauung werden würden. Vielfalt ist das Wesen der Schöpfung Gottes. Dieses Universum ist zu komplex, um durch eine einzige Religion oder Philosophie erklärt werden zu können. Wenn wir Frieden, Zufriedenheit und Fortschritt wollen, sollten wir unser Bestes geben, damit die Welt den Weg der harmonischen Integration versteht. Tatsächlich ist diese harmonische Integration der eigentliche Geist des allumfassenden *sanatana dharma*[17].

---

[17] In seiner allumfassenden Vision bietet das sanatana dharma Raum für viele verschiedene philosophische Ansätze

Amma sieht die ganze Welt als eine Blume. Jedes Blütenblatt repräsentiert eine Nation. Wenn ein Blütenblatt von einer Krankheit befallen ist, werden alle anderen auch davon betroffen sein. Die Schönheit der Blume leidet. Es ist die Verantwortung jedes Einzelnen, diese Blume zu schützen und zu nähren. Deswegen sollten sich alle Nationen der Welt Hand in Hand um gemeinsamen Fortschritt bemühen, ihre wertvollen Beiträge und untereinander austauschen und vorbildliche Errungenschaften von anderen übernehmen. Bei diesen Worten denkt Amma an das Straßenbild im Westen. Wenn sie im Ausland ist und die geteerten Straßen, die Sauberkeit, Disziplin und Ordnung sieht, wünscht sie sich, es wäre in Indien auch so. Wenn unsere Straßen besser wären, könnten zahlreiche Unfälle vermieden werden. Wenn wir den gleichen Hygienestandard entwickelten, könnten Epidemien und andere Krankheiten viel leichter verhindert werden. Wenn wir die gleiche Arbeitsethik hätten, würde Indiens Wachstum und Entwicklung schneller erblühen. Die westlichen Länder

hinsichtlich der Natur des Universums.

könnten umgekehrt Indiens wertvolle Beiträge, vor allem seine spirituelle Weisheit annehmen.

Jeder indische Bürger sollte folgende Tatsache nicht vergessen: Unser Erbe ist unvergleichbar. Die Eindrücke, die wir in uns durch unsere Gedanken und Handlungen geschaffen haben, werfen ihr Licht auf die Gegenwart. Wir sollten das Gute anderer Länder annehmen und gleichzeitig stark in der Liebe zu unserem eigenen Land und der spirituellen Kultur verwurzelt bleiben. Als *Rama* [18] auf seinem Weg zum Wald die Grenze des Königreichs von *Ayodhya* erreichte, nahm er eine Handvoll Erde und sagte: „Die Mutter, die uns geboren hat und unser Heimatland sind sogar größer als der Himmel."

Es heißt, dass *Swami Vivekananda* sich bei der Rückkehr von seiner ersten US-Tour in Chennai im Sand rollte und unter Tränen sagte: „Obwohl ich in so vielen Ländern war, habe ich doch keine Mutter wie meine eigene gefunden." Wenn er in einem Fünf-Sterne-Hotel übernachtete, legte er sich auf den Boden und nicht in ein weiches Bett. Er vergoss Tränen um die

---

[18] Im indischen Epos Ramayana wird König Rama, eine Inkarnation Gottes, für 14 Jahre von seinem Königreich ins Exil geschickt.

Armen und Hungernden in Indien. Solch eine Liebe und Achtung gegenüber unserem Land und unserer Kultur sollten ein Vorbild für uns alle sein, vor allem für die Jugend. Wir sollten uns immer daran erinnern: „ Der Reisschleim unserer Mutter schmeckt besser als der süße Pudding[19] unserer Stiefmutter."

Zu der Zeit, als der Materialismus und die Betonung von Genuss am Schatz der indischen Kultur nagten, erschien *Swami Vivekananda* mit einem Topf *amritam*[20], den er von der *rishi parampara*[21] (heilige Traditionsreihe der Seher) erhalten hatte. Darum konnte er in kurzer Zeit sowohl in Indien als auch auf der ganzen Welt so viel bewirken. Mit seinen Worten konnte er

---

[19] Es wird angedeutet, dass die traditionellen kulturellen Werte des Vaterlandes letztendlich nahrhafter und zufriedenstellender sind als Luxus und Vergnügungen, die man im Ausland erfährt.

[20] In Indiens Legenden begehrten sowohl die Halbgötter als auch die Dämonen einen Nektar, der Unsterblichkeit verleiht. Amma benutzt das Wort hier, um anzudeuten, dass die spirituellen Lehren Indiens zur Selbstverwirklichung als auch zu einer harmonischen und wohlhabenden Gesellschaft führen.

[21] Stammbaum der indischen Heiligen, durch welche Indiens spirituelle Weisheit seit unvordenklichen Zeiten weitergegeben wurde.

der Menschheit die Stärke und das Selbstvertrauen einflößen, die sie brauchten, um gegen
riesige Hindernisse anzugehen, um Flüsse von
Tränen und Wüsten von Mühsal durchqueren
zu können. Er akzeptierte Schmerz und Leid
als seine größten Lehrer. Sein Leben wurde
ein *dipa stamban* (eine große heilige Lampe)
voller Optimismus für die Menschen, die in
Hoffnungslosigkeit unterzugehen drohten.
Traditionell bedeutet *sannyasa* Loslösung[22] von
den Problemen der Welt. *Swami Vivekananda*
hat zu dieser Bedeutung von „Loslösung" noch
die Bedeutung von Dienst, der auf der Süße
der Liebe und dem Duft der Verehrung basiert,
hinzugefügt. Bevor Amma ihre Rede schließt,
möchte sie ihren Kindern noch ein paar weitere
Ideen vermitteln:

1.   Es ist nicht falsch, dass jeder Mensch denkt,
sein Glaube sei der richtige. Wir sollten jedoch
anderen diese Freiheit auch geben. Sobald wir
unseren Glauben anderen aufzwingen, wird die
Religion, die aus Liebe geboren ist, ein Anlass
für Blutbäder. Wir sollten es nicht zulassen,

---

[22] Vairagya: Losgelöstheit

dass Religionen, die als Gesänge des Friedens gedacht sind, Zwiespalt und Gewalt schaffen.

2. Bevor das britische Bildungs- und Erziehungssystem eingeführt wurde, basierte Indiens System auf der Gurukula -Tradition[23]. Zu dieser Zeit war die Bildung nicht nur eine Übertragung weltlichen Wissens von Gehirn zu Gehirn, sondern auch eine Übertragung spiritueller Kultur von Herz zu Herz. Erkenntnis und Wertschätzung des *dharma* sind die zwei Seiten derselben Münze der Erziehung. Von Geburt an hörten die Kinder den Namen Gottes von ihren Eltern. So wuchsen sie auf und rezitierten Gottes Namen. Später wurden sie von den Eltern in ein *gurukula* geschickt, wo sie das Leben eines *brahmacari*[24] führten und die Schriften[25] von ihrem Meister lernten. Es wurde ihnen vermittelt, was Leben bedeutet, wie man lebt und wie man auf die Welt eingeht. Das führte dazu, dass Kinder zu Erwachsenen

---

[23] Wörtlich „die Familie des Meisters".
[24] Ein Schüler; die erste der vier Phasen im traditionellen Leben eines Hindu.
[25] In den gurukulas wurde den Kindern sowohl paravidya als auch aparavidya beigebracht: Spirituelle Weisheit und weltliches Wissen.

heranreiften, die über Unterscheidungsver-
mögen verfügten. Sie hatten das Herz eines
Löwen und waren gewillt, ihr ganzes Leben der
Wahrheit zu widmen. Das alles hatten sie als
Teil ihrer Erziehung verinnerlicht. Die moderne
Gesellschaft sollte das wiederbeleben, indem sie
ein Bildungssystem schafft, das in Werten und
spirituellem Bewusstsein verwurzelt ist.

3.   Es war *Buddhas* Vorstellung, eine Institution
von *sannyasins* zu haben, die der Gesellschaft
dienen. *Swami Vivekananda* passte dieses Ideal
den Bedürfnissen der neuen Zeit an. Vor hun-
dert Jahren erklärte er, dass *daridra narayna
puja* - Gott in den Armen zu verehren, dem
Bedürfnis der Zeit entspräche. Dies ist bis
heute wahr geblieben. Als die Pest in Kalkutta
wütete, diente er den Infizierten mit der gleichen Hingabe, mit der er seinem *guru*, von
dem er glaubte, er sei ein *Avatar* (Inkarnation
Gottes), gedient hatte. Er war sogar bereit,
*Belur Math*[26] zu verkaufen,  wenn es nötig sein
sollte. Die Wahrheit, dass alles, was wir in der

---

[26] Belur Math befindet sich in der Nähe von Kalkutta. Es
ist der Hauptsitz des Ashrams, der von Swami Vivekananda
und anderen direkten Schülern Sri Ramakrishna Parama-
hamsas, gegründet wurde.

Schöpfung sehen, der Schöpfer selbst ist, war für ihn nicht nur intellektuelles Wissen. Es war ein kontinuierlicher Fluss an Energie, der sein Herz inspirierte und seine Hände ohne Unterlass dienen ließ.

4. Jeder Fingerabdruck, jedes Gesicht und Auge sind einzigartig. Alles, was mit derselben Form hergestellt wird, egal ob eine Nadel, ein Schuh oder eine Puppe, wird identisch sein. In Gottes Schöpfung jedoch sind nicht einmal zwei Grashalme identisch, keine zwei Blütenblätter sind gleich. Was kann man dann von den Menschen sagen? Gott hat jeden Menschen mit einem versteckten Talent auf die Erde geschickt. Jede Geburt hat einen Zweck, den nur die jeweilige Person erfüllen kann. Es ist das Ziel unseres Lebens, diese spezielle Kraft in uns zu entdecken. Dann erhält das Leben einen Sinn und wird zu einer freudigen Kommunion. Wahre Erziehung hilft uns, das zu erreichen. *Swami Vivekananda* hat klar gesagt, dass wir eine Ausbildung brauchen, die uns hilft, nicht nur unseren Intellekt zu entwickeln, sondern auch unser Herz. Eine Gesellschaft, in der alle identisch sind, wäre mechanisch und tot. Die

Schönheit des Lebens findet man im gemeinsamen Nutzen der Vielfalt.

5.   In jedem Einzelnen von uns befindet sich unendliche Kraft. 90% der Menschheit heutzutage realisiert das jedoch nicht. Wir werden unter Schmerzen geboren, wachsen von Leid begleitet auf und sterben schmerzvoll. Wir brauchen die Führung eines selbstverwirklichten Meisters, um die gottgegebenen Talente, deren wir uns momentan absolut nicht bewusst sind, in uns zu entdecken. Dass aus dem Austausch zwischen *Sri Ramakrishna* und *Narendra* ein *Swami Vivekananda* entstehen konnte, ist allein der Glorie des *guru* zu verdanken.

6.   Wir sollten unseren Kindern einfache religiöse Wahrheiten und Werte als Teil der Erziehung vermitteln. Gleichzeitig ist es absolut notwendig, ihnen die erlösenden Qualitäten aller Religionen bewusst zu machen und nicht den Unterschieden Bedeutung zuzumessen. Das ist der einzige Weg zur Erhaltung von gegenseitiger Liebe und Respekt in der modernen Gesellschaft, wo religiöse Vielfalt eine zunehmende Realität ist. Die Werte, die in unserem Bildungssystem vermittelt werden, sollen den

Kindern angesichts der gegenwärtigen Schwierigkeiten, denen sie sich in ihrem Leben eventuell gegenübergestellt sehen, Hoffnung und Optimismus einflößen. *Swami Vivekanandas* universelle Vision und kraftvollen Worte machen aus seinen Schriften vollkommene Lehren für Schulkinder.

7. Der Fluch, der auf unserer Gesellschaft lastet, besteht in der Ignoranz gegenüber unseren Traditionen und grundlegenden spirituellen Prinzipien. Das muss sich ändern. Amma hat so viele Länder auf der Welt besucht und dort persönlich sehr viele Menschen getroffen. Alle – einschließlich der eingeborenen Bevölkerung von Australien, Afrika und Amerika sind stolz auf ihr Erbe und ihre Tradition. Aber hier in Indien haben viele unter uns weder Verständnis noch Stolz. Einige machen sich sogar über unsere Kultur lustig. Ein hohes Gebäude kann erst nach dem Bau eines starken Fundaments errichtet werden. Ebenso können wir eine strahlende Gegenwart und Zukunft erst dann schaffen, wenn wir über die entsprechenden Kenntnisse verfügen und stolz auf unsere Vorfahren und unser Erbe sind. Dafür müssen wir erst das nötige Umfeld schaffen. Das erfordert

ein spezielles Augenmerk auf die Hungernden und Analphabeten. Dazu müssen wir in die Gesellschaft gehen und handeln. *Swami Vivekananda* betonte auch die Wichtigkeit, Frauen eine Ausbildung zu geben und ihnen zu erlauben, ihren angemessenen Platz in der Gesellschaft einzunehmen. Zusammenfassend heißt das, dass wir bereit sein müssen, unsere Haltung den wechselnden Zeiten anzupassen, einen Geist zu entwickeln, der bereit ist, zu handeln und auf dem Weg, den *Swami Vivekananda* für uns vorbereitet hat, weiterzugehen.

Möge diese Institution fähig sein, das Leben und die Botschaft von *Swami Vivekananda* auf der ganzen Welt zu verbreiten und den von ihm initiierten Handlungsplan auszuführen. Amma betet darum, dass diese Institution ein Segen für die ganze Welt wird und dass alle Anstrengungen von Ammas Kindern Früchte tragen mögen.

|| *oṁ lokāḥ samastāḥ sukhino bhavantu* ||

Mögen die Wesen aller Welten glücklich sein!